INVENTAIRE
F... 178

ÉTUDES LÉGISLATIVES ET JUDICIAIRES.

XVI

DE L'INAMOVIBILITÉ JUDICIAIRE

EN ALGÉRIE

PAR

UN MAGISTRAT ALGÉRIEN

La Magistrature judiciaire est un sacerdoce;
L'*inamovibilité*, c'est :
La *sainteté* de la magistrature,
L'inviolabilité du Magistrat,
Le respect de la Justice,
La sécurité et la confiance du Justiciable.

SÉTIF

IMPRIMERIE ET LIBRAIRIE DE V° VINCENT

1862

XVI

DE L'INAMOVIBILITÉ JUDICIAIRE

EN ALGÉRIE

PAR

C. FRÉGIER

Président du Tribunal de 1re instance de Sétif

La Magistrature judiciaire est un sacerdoce;
L'*inamovibilité*, c'est :
La *sainteté* de la magistrature,
L'Inviolabilité du Magistrat,
Le respect de la Justice,
La sécurité et la confiance du Justiciable,

SÉTIF

IMPRIMERIE ET LIBRAIRIE DE Vᵉ VINCENT

1862

PRÉFACE

———◄◄►———

Nous voulons hâter la venue du jour où sera
donné à notre magistrature une précieuse et
dernière garantie, la *seule* qu'elle ait à envier
à sa sœur de la métropole (1).

Ce qu'un éloquent orateur vient de dire des lois au milieu
du Sénat, nous croyons pouvoir le dire des magistrats organes
de ces lois.

Leur autorité doit s'envisager à un double point de vue :
leur autorité administrative et leur autorité morale! l'une
commande l'obéissance, et l'autre le respect.

Mais une magistrature également obéie et respectée, qu'est-
ce, je vous prie? si ce n'est l'idéal de la magistrature, —
la magistrature française!

Or, cette magistrature est *inamovible*.

Est-ce à dire que par cela seul qu'elle ne l'est pas encore,
la magistrature algérienne ne soit ni respectée ni obéie?

Non certes! Mais quelque obéissance qu'elle commande,
quelque respect qu'elle inspire, elle peut passer, elle passe
même aux yeux de plusieurs, pour être moins digne d'obéissance et de respect que la magistrature française.

D'où la conséquence que, dans leur opinion, la magistrature

____

(1) M. Pierrey, Procureur-Général près la Cour d'Alger, dans son
disours d'installation, le 22 janvier 1861.

algérienne est inférieure à une magistrature dont elle doit être, d'autres ajouteraient, dont elle est véritablement l'égale.

Il est temps que, dans la pensée de tous, elle soit élevée au même niveau qu'elle.

Et pour cela, que lui faut-il? la seule chose qui lui manque! l'*Inamovibilité*.

Etrange et bizarre paradoxe en apparence, vérité incontestable et incontestée en réalité!

L'inamovibilité! Voilà l'unique et suprême *progrès* qui reste à accomplir dans l'organisation de notre magistrature!

Or, ce progrès est aussi possible que nécessaire et opportun.

Tel est tout le thème de cette Etude.

Plus que jamais, pour en atteindre le but, nous avons eu besoin des trois forces qui nous ont constamment soutenu à travers les *Etudes* qui l'ont précédée : — un ardent, et, au besoin, courageux dévouement pour l'Algérie, le désir sincère de servir la cause de son progrès *législatif* et *judiciaire*, et par-dessus tout, l'amour de la vérité et de la justice.

C'est que, pour nous, tout écrivain est un témoin.

L'un et l'autre jurent devant Dieu et devant les hommes, de proclamer la vérité, rien que la vérité.

Le témoin lève la main pour la *parler*, l'écrivain la baisse pour *l'écrire*.

Entr'eux pas d'autre différence!

Par des voies diverses, tout deux cheminent vers le même but, et ce but, c'est la vérité.

Voilà pourquoi, longtemps avant d'entreprendre ce travail, nous nous étions dit :

« Ecrivain et témoin, nous sommes doublement obligé d'être vrai.

Une erreur de notre plume serait d'autant plus coupable qu'en cette double qualité notre devoir est de n'attester que ce que nous avons vu de nos yeux et entendu de nos oreilles.

Si donc nous révélons des choses jusqu'ici cachées ou inconnues, qu'on ne s'en étonne pas! La vérité nous imposait cette révélation.

Et si, malgré nous et contre notre intention formelle, il nous est échappé une pensée, une ligne, moins que cela, un mot déplacé, malsonnant, à plus forte raison offensant pour qui que ce soit, — qu'on ne s'en prenne pas à nous, mais seulement à l'irrésistible puissance de cette justice, franche, courageuse, entière, *vraie*, dont nous n'aspirons à être que le religieux serviteur et le fidèle écho!

Et maintenant, qu'on lise, sans prévention et sans parti pris, ce résumé succinct, mais complet de nos observations et de nos réflexions sur *l'inamovibilité judiciaire!* Plus encore peut-être que notre *Question juive*, « c'est ici un livre de bonne foy » — pensé avec sincérité, — écrit avec désintéressement, — publié pour tout homme qui veut apprendre ce qu'il ignore, et scruter à fond, pour le *bien* connaître, ce qu'il n'entrevoyait qu'à la surface, ou, en d'autres termes, ce qu'il connaissait *mal.*

Sétif, le 1er avril 1862.

C. FRÉGIER.

Président du Tribunal de 1re Instance de Sétif.

DE L'INAMOVIBILITÉ JUDICIAIRE

La Magistrature judiciaire est un sacerdoce.
L'*inamovibilité*, c'est :
La *sainteté* de la magistrature,
L'*inviolabilité* du Magistrat,
Le respect de la Justice,
La sécurité et la confiance du Justiciable.

Avant tout une simple et courte réflexion !

La magistrature française est inamovible.

La magistrature algérienne ne l'est pas.

Donc, à la différence de la magistrature française, elle est déshéritée de la plus précieuse des prérogatives et de la plus essentielle des garanties.

Pourquoi cela ?

Serait-ce que la magistrature française, par cela seul qu'elle est la sœur aînée de la magistrature algérienne, jouit vis-à-vis d'elle d'une sorte de droit d'aînesse ? On le dirait, on le dit même. Mais, grâce à Dieu, cela n'est écrit nulle part, et je ne sache pas que jamais, ni dans les Conseils de l'Etat, ni dans ceux du gouvernement de l'Algérie, on ait le moins du monde songé à ressusciter, au détriment de notre magistrature, un privilège depuis longtemps effacé de nos lois et de nos mœurs.

Ainsi la magistrature française ne peut invoquer contr'elle ce qu'on nommait jadis le droit de la naissance.

Pourrait-elle invoquer avec plus de succès le droit du travail, le droit de la vertu, le droit de la science?

C'est ce que nous allons examiner. Posons d'abord les indispensables prémisses de notre thèse ; nous répondrons ensuite à cette triple question.

I.

Tout le monde sait qu'on appelle *inamovibilité* le droit pour la plupart des magistrats de l'ordre judiciaire, de ne pouvoir être destitués, ou révoqués que « pour forfaiture préalablement jugée et déclarée selon les termes de justice. »

Ainsi s'exprimait Louis XI dans sa célèbre ordonnance du 21 octobre 1467, qui n'était guère que la reproduction d'un capitulaire de Charlemagne et d'une ordonnance de Philippe-le-Bel.

Mais ce que bien des gens ignorent, c'est que l'inamovibilité ne s'applique pas seulement au *titre*, ou, comme on disait autrefois, à l'*office* du magistrat, mais encore à sa *résidence*.

C'est de cette double inamovibilité que le savant Merlin disait avec tant de raison qu'elle est en France un principe de droit public.

C'est qu'en effet, ainsi entendue, elle, est dans le sens le plus vrai et le plus étendu, le palladium du magistrat, la sauvegarde de son indépendance, en même temps qu'une de nos plus solides garanties de bonne justice.

Voyez, en effet, je ne dis pas ce que serait, mais ce qu'à la rigueur, pourrait-être un magistrat amovible !

Qui ne comprend qu'un pareil magistrat, — à chaque acte de sa mission, — de toutes les missions publiques la plus délicate, la plus laborieuse et, sans contredit, la moins rétribuée, — sera, ou pourra être exposé au danger de faillir, à un moment donné, à cette fermeté de caractère et de cette liberté de suffrage essentiellement inhérentes à l'idée du vrai magistrat, — et cela, par la crainte plus ou moins fondée d'être privé ou de sa résidence, ou, chose bien autrement grave, de son titre lui-même ?

Et si l'on réfléchit que, dans bien des circonstances,— qu'il s'agisse de questions de fait ou de questions de droit, il sera possible et facile au magistrat placé sous l'empire d'un tel sentiment, de colorer, même à son insu, et jusqu'à un certain point, contre sa volonté, d'un prétexte de bien public ou de tout autre motif qui, pour résulter d'une illusion de bonne foi, n'en serait pas moins funeste à la Justice et aux justiciables, une hésitation, un acte de mollesse, pour ne rien dire de plus, incompatible avec la véritable justice, car elle ne serait qu'un secret accommodement avec la conscience, — quel est l'homme sensé qui n'applaudira avec nous au vœu qu'ont émis tant de fois les conseils généraux de l'Algérie, d'accord croyons nous, avec les deux premiers magistrats de notre Cour impériale, pour doter notre magistrature de ce droit précieux?

Non certes, hâtons-nous de le dire, non que l'histoire de notre magistrature nous fournisse un seul exemple de forfaiture chez un seul de ses membres, depuis les premières années de la Conquête jusqu'à nos jours! — Nous pourrions même rappeler que plus d'une fois, et dans des circonstances solennelles et récentes, elle a su prouver qu'elle comptait dans ses rangs des hommes capables de rivaliser avec les membres les plus fermes et les plus courageux de nos anciens Parlements.

Mais alors, pourquoi laisser plus longtemps subsister entre la magistrature de la Métropole et la magistrature algérienne, une ligne de démarcation aussi honorable pour l'une que peu flatteuse pour l'autre ?

Que l'inamovibilité soit une marque d'honneur et de confiance, — ou bien, comme nous le pensons, qu'elle soit avant tout et par-dessus tout, une sauvegarde d'indépendance pour le juge et une condition de sécurité pour le justiciable, — ou bien encore, selon la pensée de Louis XI, un stimulant de zèle et de ferveur, peu importe ! Dans tous les cas, base ou couronnement de l'administration de la Justice , nous ne connaissons pas un seul motif sérieux et rationnel de refuser désormais aux magistrats d'Algérie cette prérogative des magistrats de France.

Dira-t-on que l'inamovibilité de notre magistrature n'aura pas à lui donner les qualités (1) dont nous parlions tout à l'heure, et qu'elle possède à un degré si élevé ? Soit! — Mais on nous accordera sans doute que l'unique moyen de rendre plus rare et même impossible, de la part de plus de gens qu'on ne pense, certains soupçons, bien autrement odieux pour le magistrat que ceux qui ne devaient pas atteindre la vertu de la chaste Cornélie, c'est de gratifier la magistrature algérienne de la prérogative qui doit l'identifier de *droit* à cette magistrature métropolitaine dont elle est la digne sœur de *fait*, ou, en d'autres termes, de la doter de l'inamovibilité !

Cela est logique, cela est utile, cela est juste et nécessaire!

Et, en effet, qu'on le remarque bien , ce n'est pas assez pour le public qu'un magistrat ne faillisse pas à ses devoirs, — il faut encore qu'il passe à ses yeux pour n'y pouvoir faillir jamais.

Il ne suffit pas que nous soyons justes, a dit le premier magistrat de la Cour impériale de Bastia, (2) (qui donc oserait mettre en doute la justice d'un magistrat français... ou algérien !) il faut encore que la *malignité* la plus audacieuse ne puisse pas nous croire exposés au *péril* d'entendre, même sans y prêter l'oreille, une autre voix que celle de la conscience !

Si c'en était ici le lieu, il nous serait facile de prouver par

(1) On sait que M. Guillemard, ancien Procureur-Général en Algérie, a célébré, dans une occasion solennelle, « les lumières, l'intégrité, l'indépendance et le prestige de la magistrature algérienne. » — Discours à l'occasion de l'installation de la justice musulmane.

(2) M. Germanes, *Discours d'installation de M. le Procureur Général Bédarrides*. (7 mars 1862.)

2.

es annales de la Magistrature de tous les pays et de tous les temps, même de celle de républiques grecque et romaine, si peu compatibles, ce semble, avec un principe exclusif des chances toujours si mobiles et si variables de l'élection, que l'inamovibilité judiciaire, temporaire ou perpétuelle, fut généralement consacrée en droit, ou établie en fait par les lois ou les coutumes de presque tous les pays. — Tant est rationnelle l'idée qui veut que le juge puisse toujours juger sans crainte, et, qu'autant que possible, sa sentence ne dépende que de la loi et de la justice !

Disons donc seulement que, parmi nos jurisconsultes et nos publicistes les plus célèbres, depuis Ayrault juqu'à Montesquieu et M. Dupin, il n'y a qu'une voix pour proclamer la nécessité de l'inamovibilité judiciaire, et que, si de loin en loin, à la suite de ces commotions politiques et sociales qui remuent de fond en comble toutes les institutions, quelques hommes séduits par de trop démocratiques illusions, l'ont combattue, — d'autres, bien plus nombreux, convaincus qu'elle est indispensable dans tout État quelconque, même démocratique, n'ont pas manqué de la défendre.

C'est qu'il suffit d'un instant de calme et consciencieuse réflexion, pour comprendre avec Montesquieu, que l'inamovibilité donne aux magistrats assez de force et d'indépendance, pour s'opposer aux vues de pouvoir, qui seraient contraires aux principes essentiels de la justice et punir les crimes que le crédit et l'influence voudraient laisser impunis — et avec l'auteur d'une de nos plus belles Ordonnances (1) qu'elle leur assure cette indépendance d'opinion qui les élève au-dessus de toutes les craintes comme de toutes les espérances, et leur permet de n'écouter jamais d'autre voix que celle du devoir et de la conscience.

____

(1) Ordonnance du 15 janvier 1815. Préambule.

II.

Répétons le encore :

La magistrature française est inamovible.

Pourquoi la magistrature algérienne ne le serait-elle pas ?

Les *raisons* qui ont valu l'inamovibilité aux magistrats de la Métropole, ne militent-elles pas tout aussi puissamment en faveur des magistrats de notre Colonie ?

Voilà ce que se sont plusieurs fois demandé nos Conseils généraux, fidèles interprètes de l'opinion publique, et ce que se demandent tous les jours, les uns avec étonnement, les autres avec un mélange de doute et de tristesse, tous ceux qui songent sérieusement à l'avenir de notre administration judiciaire.

Nous estimons que jusqu'ici la question a été mal posée.

A notre avis, voici comment elle devait l'être :

N'y a-t-il pas, pour conférer l'inamovibilité aux magistrats algériens *plus de raisons* qu'il n'y en eut jamais pour en doter les magistrats de France ?

Qu'est-ce que l'inamovibilité ?

On l'a vu, l'inamovibilité est tout à la fois une garantie de justice pour les justiciables, et une condition de sécurité et d'indépendance pour les juges.

Or, à ce double point de vue, il est aisé de démontrer — que non seulement, pour parler le langage des Jurisconsultes, il y a *même* raison de décider de la *même* manière, la question d'inamovibilité, qu'il s'agisse de France ou d'Algérie, et qu'ainsi la décision doit être *la même,* — *ubi eadem juris ratio, ibi idem jus,* — mais encore qu'en Algérie il est tels motifs d'accorder l'inamovibilité aux magistrats de l'ordre judiciaire qui n'existent nullement en France.

Et, en effet, à quoi se résument les arguments invoqués en France à l'appui de l'inamovibilité ?

— A la nécessité d'éloigner, d'une part, de l'esprit du magistrat toute appréhension pour son avenir, et de l'abriter, d'autre part, contre tout danger de partialité et tout soupçon d'injustice.

Mais cette nécessité, n'a-t-elle pas ici sa raison d'être comme en France ? Pour la dignité du magistrat, plus encore que dans l'intérêt de la justice, ne faut-il pas écarter cette appréhension, prévenir ce danger, rendre impossible ce soupçon ?

Et qu'on ne dise pas que, bien qu'amovible, la magistrature algérienne n'a pas cessé d'être digne et intègre? Qui oserait le nier? Mais la magistrature métropolitaine, elle aussi, est intègre et digne, et cependant elle est inamovible!

Arrivons donc directement aux arguments spéciaux, *sui generis*, qui sollicitent l'inamovibilité au profit de notre magistrature.

Sait-on en quoi la position du magistrat algérien diffère de celle du magistrat français? Nous ne dirons rien des épreuves climatériques (1), de l'obligation de se livrer à certaines études particulières, des dépenses occasionnées, entr'autres choses, par des déplacements nombreux, et que rachète à peine une faible, trop faible augmentation de traitement, — avantage purement *pécuniaire* qui ne saurait se compenser aux yeux du magistrat, avec l'avantage *moral* de l'inamovibilité.

Parlons seulement de la nature et de l'importance de sa mission.

Qui ne voit qu'elle est plus difficile qu'en France ? Là, tout est créé, fondé, développé de longue date. — Législation, jurisprudence, tout est connu, fixé d'après des principes

(1) Ne pourrait-on pas dire de la *juridiction* ce que M. le premier Président de Vaulx disait de *l'administration*, dans son discours d'installation de M. le procureur général Pierey : « La principale science de l'administration, en Afrique, consiste dans cette connaissance des hommes et des choses qui ne saurait s'acquérir que par le contact avec toutes les difficultés inhérentes au sol, et qui semblent en naître?»

certains et des traditions constantes et généralement invaria-
bles. — Ici, au contraire, malgré d'incontestables progrès
d'assimilation avec la Métropole, que de variations dans la
législation! Que d'incertitudes dans la Jurisprudence! Que
d'hésitations dans la pratique judiciaire!

Ajoutez à cela l'utilité pour tout magistrat consciencieux
d'étudier, sinon à fond tout au moins, assez attentivement
pour les apprécier en connaissance de cause, cette multitude
de législations diverses qui, considérées dans leurs rapports
avec la législation française, et même algérienne, composent
une sorte de droit *international privé* dont l'application présente plus de difficultés que celle du droit international privé
proprement dit, et même du droit international public.

Bornons-nous ici à la législation musulmane. Jusqu'à présent le magistrat algérien pouvait la reléguer parmi ces
choses qu'il est bon de connaître, sans doute, mais qu'il n'est
pas nécessaire de savoir. — Sauf dans de rares circonstances
le droit musulman, surtout depuis le décret de 1854 sur la
justice musulmane, avait pleinement déserté nos prétoires, et
entre ce droit et notre droit français, s'élevait comme une
barrière infranchissable. Mais grâce au décret du 31 décembre 1859, il n'en sera plus ainsi à l'avenir. Qu'ils soient
librement choisis ou forcément acceptés, — les tribunaux
français auront souvent à statuer, soit en premier et dernier
ressort, soit en dernier ressort seulement, sur des contesta-
tions entre musulmans, qu'ils devront juger d'après la loi
musulmane.

Est-ce tout? La difficulté de la mission du juge algérien
tient-elle à autre chose qu'à l'application de lois qui, person-
nelles ou réelles, exigent, pour être sainement appréciées,
des études de législation comparées dont n'ont jamais ou
presque jamais besoin les magistrats de la métropole?

Oui, certes! Elle tient encore à certaines *facultés* abandon-
nées à la sagesse des tribunaux algériens.

En voici la preuve :

Aux termes de l'art. 69 de l'ordonnance de 1842, les nullités de procédure sont *facultatives*, c'est-à-dire que, suivant les circonstances, le juge passera outre ou les prononcera, ou, ce qui est la même chose, fera dépendre d'elles la perte ou le gain d'un procès.

Mais, dans quel cas, ces nullités devront-elles être prononcées ou non? L'ordonnance ne le dit pas et ne pouvait pas le dire.

Or, interrogez nos magistrats sur ce point, et ils vous diront tout ce qu'a de délicat et d'ardu l'office du juge en pareille matière !

Nouvelle preuve de cette vérité! Personne n'ignore que l'art. 72 de la même ordonnance laisse, ou *paraît* laisser aux tribunaux algériens la *faculté* de sanctionner *toute* condamnation judiciaire par l'emprisonnement ou contrainte par corps. — Ici, il ne s'agit plus d'un intérêt purement pécuniaire, comme dans la plupart des causes civiles, mais bien d'une chose mille fois plus précieuse, d'un bien inaliénable, imprescriptible et sacré : il s'agit de la liberté corporelle!

Or, à cet égard, ce qui n'effraiera que très rarement la conscience du magistrat français averti par l'expérience, que la meilleure loi est celle qui s'abandonne le moins à l'arbitrage du juge, surgira à chaque pas, dans presque tous les litiges, devant la conscience du magistrat algérien, placé en face de ce redoutable problème : « D'après mon appréciation personnelle, en dehors de tout texte impératif et absolu, dois-je ou non prononcer la contrainte *par corps*? » Est-il besoin de dire combien la solution de cette question soulèvera de discussions, de troubles et d'hésitations dans le sein de nos tribunaux? Et qui ne sait, pour n'en citer qu'un seul exemple, que la femme algérienne qui, jusqu'ici, avait été sans conteste, déclarée, dans tous les cas, contraignable par corps, vient enfin d'être *affranchie* et avec raison, suivant nous, par le tribunal civil d'Alger et par la Cour, sauf les deux cas où elle ne le serait pas en France?

Or, n'est-il pas évident qu'alors qu'il s'agira pour nos magistrats de se prononcer, *arbitrio judicis*, sur d'aussi graves matières, il sera, sinon nécessaire pour eux, du moins utile pour les justiciables, que l'inamovibilité de leurs fonctions les préserve de toute tentative de partialité et d'injustice!

De ce qui précède, que conclure ?

Deux choses :

La première, que plus la mission du juge a de latitude et de liberté, plus la conscience du magistrat qui la remplit doit être, en quelque sorte, protégée et rassurée par une prérogative nécessitée par l'intérêt d'une bonne justice.

La seconde, que dans la pensée des justiciables en général, l'inamovibilité étant la plus sûre et la plus *sensible* de ces garanties, il serait d'une sage administration, ne fût-ce qu'à titre de récompense, et alors même qu'elle n'aurait pas été déjà accordée aux magistrats français, de ne pas la refuser plus longtemps aux magistrats algériens.

Ah! convenez-en, adversaires opiniâtres de l'inamovibilité en Algérie, ne fût-ce qu'à ce seul titre les magistrats de l'Algérie devraient jouir de l'inamovibilité qu'ils sollicitent.

Et si elle n'existait point, il faudrait l'inventer pour eux!

III.

De même que la plupart des questions algériennes, la question de l'inamovibilité judiciaire en Algérie, est une de celles que tout le monde se pose et à laquelle personne ne répond nettement, catégoriquement, parce que sans doute tout le monde peut y répondre.

Pour nous, elle se réduit à des termes fort simples :

L'inamovibilité existe en France,

Donc elle doit exister en Algérie.

Et pourquoi n'y existerait-elle pas ?

Oui ou non, est-elle en soi une *bonne* chose ?

Si oui, pourquoi, bonne pour la France, serait elle *mauvaise* pour l'Algérie?

Si·non, pourquoi existe-t-elle en France?

— Parce que, répondent ses adversaires, parce que l'Algérie n'est pas encore la France.

— Mais, de grâce, précisez d'avantage votre pensée!

Pourquoi l'inamovibilité en France?

Apparemment, parce que comme nous l'avons dit, elle est un gage de sécurité pour les justiciables, et d'indépendance pour les magistrats.

Mais alors pourquoi ne serait elle pas l'un et l'autre en Algérie?

L'Algérie n'a-t-elle pas mêmes lois, mêmes juridictions, et sauf l'inamovibilité, même organisation judiciaire que l'Algérie?

Et n'est-il pas dès lors, logique et rationnel, qu'elle ait *mêmes* magistrats, des magistrats revêtus des *mêmes prérogatives*?

Bien plus! ses magistrats n'ont-ils pas *mêmes devoirs* à remplir, et par là même, *mêmes droits* à exercer?

Est-ce tout?

Qu'est-ce qu'un magistrat amovible en face d'un magistrat du même ordre, investi des mêmes fonctions, mais inamovible?

C'est un magistrat suspect.

Est-ce là ce que vous voulez dire?

Je sais bien qu'à tort ou à raison, peu importe *aujourd'hui*, on pensa *autrefois* qu'il ne fallait pas d'inamovibilité pour le magistrat algérien.

Mais, *ó tempora!* sommes-nous donc encore en 1834 ou même en 1842?

Que de magistrats d'alors se sont élevés depuis aux plus hauts sommets de la magistrature métropolitaine ou algérienne!

Combien d'autres ont quitté la magistrature! combien qui sont morts!

Combien de magistrats venus de France, et qui se sont *fondus* dans la magistrature algérienne!

Les uns ont mérité une position éminente ;

Les autres ont fait place à de plus dignes, ou tout au moins à d'aussi dignes qu'eux ;

Les troisièmes, qu'on me dise pourquoi, inamovibles de l'autre côté de la mer, ils ont cessé de l'être de ce côté-ci ?

Mais n'anticipons pas.

IV.

A qui ne verrait pas, dans l'amovibilité actuelle de notre magistrature, une lacune regrettable, une différence, peu honorable pour elle, entre ce qui, depuis des siècles, se pratique en France, et ce qui, depuis la Conquête, se fait en Algérie, — il serait superflu, pour ne pas dire absurde, de chercher à démontrer que, sous peine d'arrêter à son degré suprême, le projet d'assimilation de la justice algérienne avec la justice française, il est logiquement nécessaire que la magistrature algérienne soit dotée, elle aussi, de l'*Inamovibilité.*

Il nous semble que le mot de M. Barbaroux qui, en plein Sénat, a présenté l'amovibilité comme un signe de défaveur, un stigmate de suspicion pour la magistrature de l'Algérie, est le véritable et dernier mot de la question.

Assurément les adversaires de l'inamovibilité se récrieront contre la justesse de cette expression et se garderont bien d'en convenir.

Mais alors nous leur demanderons pourquoi ils s'obstineraient plus longtemps à refuser à l'Algérie ce qu'elle réclame si vivement, moins encore pour ses *justiciers* que pour ses *justiciables.*

Nous comprendrions cette résistance, si, comme tant d'autres, elle était fondée sur un manque ou une insuffisance de fonds. Là où il n'y a rien, dit un vieux proverbe, le Roi lui-même perd ses droits.

Mais, grâce à Dieu, il ne s'agit pas de cela !

3.

Un acte de volonté, un *sic volo, sic jubeo*, exprimé en trois mots, voilà tout ce que coûterait l'inamovibilité que nous demandons.

On l'avouera, c'est peu; et il semble que déjà depuis longtemps nous aurions dû l'obtenir.

La chose en vaut la peine!

Après la constitution de la propriété, objet des plus vives sollicitudes du Pouvoir, même après la loi de 1851, rien de plus important à nos yeux que la constitution, sur un pied entièrement français, de la magistrature algérienne.

La *justice* est la gardienne de la *propriété*.

Or, tout le monde le sait, que reste-t-il à *acquérir* à la justice algérienne, pour être pleinement assimilée à sa sœur d'outre-mer?

L'inamovibilité!

V.

A l'appui de ce que nous venons de dire, citons deux faits importants, solennels, publics, qui viennent, on en conviendra sans peine, corroborer, mieux que tous les arguments historiques ou locaux, notre thèse sur la nécessité, non pour nos magistrats, mais pour leurs justiciables, de l'inamovibilité judiciaire en Algérie *comme* en France.

Ces deux faits, c'est, d'une part, la lettre que S. M. l'Empereur adressa, il y a deux ans, à S. Exc. M. Delangle, ministre de la justice française et.... algérienne, à propos de l'affaire Mirès, et le discours si remarquable et si remarqué, prononcé, peu de jours après, au Sénat, par M. Barbaroux, ancien procureur-général et chef de la justice en Algérie.

Le premier de ces faits suppose l'inamovibilité, et l'incontestable indépendance d'opinion qui en est la conséquence logiquement et moralement nécessaire. La lettre de M. le Garde des Sceaux n'en est que le commentaire : commentaire qui ne peut manquer d'être loué et approuvé par tous ceux qui sont à même d'apprécier le vrai caractère de la magistrature française.

Le second la réclame pour la magistrature algérienne.

Le discours de M. Barbaroux est un éloquent plaidoyer en faveur de l'octroi immédiat et mérité de la prérogative d'inamovibilité à cette magistrature, dont l'honneur, l'intégrité et l'esprit de justice ne pouvaient avoir un plus véridique et plus chaleureux défenseur.

Cette lettre et ce discours, tout le monde les a lus; mais peut-être n'est-il pas inutile d'en remettre certains passages sous les yeux de nos lecteurs.

« Tout le monde en France, dit M. Delangle, tout le monde, amis, ennemis et indifférents, sait et proclame qu'aucune considération ne détourne le magistrat de son devoir, et que, devant lui comme devant la loi, tous les citoyens sont égaux. »

Rien de plus vrai! — Mais pourquoi cela? — Parce que tout le monde sait et proclame que la magistrature française est indépendante. — Mais qu'est-ce à dire? — Indépendante, parce qu'elle est inamovible? Non! assurément non! mais parce que, par son intégrité, par sa fermeté et par son inébranlable amour de la justice, elle a su mériter de l'être!

Or, nous soutenons, et, au besoin, nous en appellerions à l'opinion publique, qu'en Algérie où la magistrature n'est pas encore inamovible, on sait et on proclame sa justice. Pourquoi? Parce qu'elle aussi, en l'absence de cette inamovibilité dont elle est digne, elle est assez indépendante pour que rien ne la détourne de son devoir. — Mais alors, pourquoi ne recevrait-elle pas cette récompense qui n'est autre chose que l'inamovibilité? — Pourquoi, de même que la magistrature de France, ne serait-elle pas honorée de l'inamovibilité de *droit*, alors qu'on reconnaît et qu'on proclame son incorruptibilité de *fait*?

Pourquoi, ajouterons-nous avec M. Barbaroux, la magistrature française de l'Algérie qui a donné tant de gages de son bon esprit et de ses éminentes qualités, est-elle encore, quoique placée entre les mains du Garde des sceaux, sous le coup de cette inamovibilité qui n'est, serait-on tenté de croire, qu'une forme de suspicion dès longtemps imméritée? Ne serait-il pas temps qu'elle reçût une plus complète consécration de son existence, et une plus haute assimilation avec celle du reste de la France ?

Nous nous abstenons de toute réflexion. Il nous semble que des paroles comme celles-ci, — tombant d'une bouche aussi autorisée, — au milieu du Sénat, dans le cours d'une discussion solennelle entre toutes, — n'ont pas besoin de commentaires.

Disons-le en passant, M. Delangle a bien mérité de la France par sa lettre aussi ferme que digne à S. M. l'Empereur, et M. Barbaroux, par son discours plein d'une courageuse franchise, n'a pas moins bien mérité de l'Algérie.

Mais, poursuivons :

VI.

Sur toute matière grave et délicate, on aime à invoquer l'opinion d'un homme éclairé et consciencieux comme lord Brougham, alors surtout qu'à son autorité personnelle, cet homme joint l'autorité de l'expérience, et, de même que cet Ancien dont le nom nous échappe, peut, à l'appui de ses démonstrations morales, poser cette irréfragable prémisse : *experientia constat.*

Le nom de lord Brougham est fort connu, j'allais dire populaire, en France, parmi ceux qui, ainsi qu'il le dit lui-même dans la lettre dont on va lire un cours passage, vivent, grandissent, et puisent le mobile et le but de leurs pensées et de leurs actes, — « en dehors de tout préjugé national ou anti-national. »

On sera bien aise, sans doute, de connaître l'opinion de cet illustre jurisconsulte, — qui a été, pendant quelque temps, chancelier, c'est-à-dire ministre de la Justice en Angleterre, — sur une question qui intéresse à un si haut point la magistrature algérienne.

Dans une lettre adressée en décembre 1845 à un de ses amis de France, procureur-général d'une cour royale, qui l'avait prié de lui fournir quelques renseignements sur le système judiciaire de l'Angleterre, il croit devoir parler tout d'abord de l'*inamovilité* des magistrats de l'ordre judiciaire, ce *point*, qu'il appelle avec raison « le plus important de tous, » et qu'il regarde comme la conséquence d'un principe admis dans toutes les monarchies européennes, — l'*indépendance* des juges.

Or, ce principe, ajoute-t-il, pour l'assurer et le rendre inébranlable, chez nous comme chez vous, on fait les juges *inamovibles*, de sorte qu'ils restent en fonctions *quandiù se bènè gesserunt*; ce qui signifie, non pas que la prévarication du juge sera simplement appréciée par le pouvoir qui l'a nommé, mais bien jugée suivant des formes déterminées et dans des cas prévus par les règlements ou par la loi.

Un peu plus bas, parlant de la triste figure que feraient, dans certains procès politiques, des juges qui, tout inamovibles qu'ils seraient, ne seraient pas, en outre, indépendants de tout parti politique, parce qu'ils appartiendraient à la Chambre des communes (dont ils sont exclus en Angleterre), le noble lord confirme la législation de son pays par une réflexion que, sous plus d'un rapport, nous pourrions appliquer à des juges amovibles, ou, en d'autres termes, sans garantie contre ce qu'il nomme l'influence de la couronne ou du pouvoir.

« Fussent-ils quatre anges et non pas quatre mortels, je ne dis pas que cette fausse position influera sur leur conduite judiciaire; mais leur jugement, fût-il même prononcé par des anges, ne leur concilierait pas le respect et la vénération publique. »

Et un peu plus bas :

« La justice doit être non seulement sans tache, mais sans soupçon : les juges doivent non seulement être justes, mais le paraître. De même que l'administration de la justice doit être pure, le juge doit être au-dessus de toute influence et garanti de toute cause fâcheuse qui pourrait faire pencher la balance d'un côté ou d'autre. Si la balance même paraît fléchir, l'hermine est deshonorée. »

Dieu nous garde de rien ajouter à d'aussi claires et si sages paroles !

Remarquons seulement que ce que dit Lord Brougham est l'expression, un peu trop énergique peut-être, d'une vérité que, mieux que personne, il a eu cent fois occasion de reconnaitre et de constater dans ses nombreux contacts avec les hommes et les choses de l'Angleterre et de la France.

VII.

Faut-il nous demander de nouveau pourquoi la magistrature algérienne est encore amovible ?

S'il faut en croire ce que M. le sénateur Barbaroux a dit en plein Sénat :

C'est parce que la magistrature algérienne est, sinon dans l'esprit du Pouvoir, tout au moins dans la réalité logique des choses, frappée d'une sorte de suspicion, tandis que la magistrature française ne l'est pas.

Est-ce bien là le motif de l'anomalie que la presse algérienne, écho de l'opinion publique, a tant de fois signalée à l'attention de qui de droit ?

Hâtons-nous de le proclamer, personne ou presque personne ne le pense ! mais chacun semble autorisé à le dire.

Pour nous, nous croyons que l'honneur et la dignité de notre magistrature sont intéressés à ce que rien de semblable ne puisse ni se penser ni se dire d'elle.

Et comme l'honneur est son essence, et la dignité, la source de la confiance dont elle doit être entourée, nous ne craignons pas d'élever à la hauteur d'une question d'ordre et d'intérêt public, la question de l'inamovibilité judiciaire en Algérie.

Sans doute, on a déjà beaucoup fait pour assimiler la magistrature algérienne à la magistrature de France.

Mais qu'importe l'assimilation, là où il ne faut rien de moins que l'identification la plus complète?

Avons-nous des magistrats inamovibles?

Le magistrat inamovible, c'est le magistrat qui est, et qui, moralement, ne peut pas ne pas être ce qu'il doit être et ce qu'il est;

C'est, pour tout dire en un seul mot, le magistrat français!

Le magistrat français! Voilà ce qu'il nous faut en Algérie!

Mais trêve pour un instant à ces graves, peut-être trop graves réflexions!

Stylum vertamus! et qu'on nous permette de passer du *sévère* au *plaisant!*

VIII.

La Mythologie nous avait enseigné que certains fleuves avaient certaines vertus spécifiques : qu'ainsi le Styx punissait le parjure, et que, suivant le cas, le Léthé gratifiait... ou affligeait de l'oubli du passé.

Mais jusqu'ici nous n'avions lu nulle part, ni dans la Fable, ni dans l'Histoire, ni même dans la Géographie, que la Méditerrannée possédât un don quelconque de transformation morale.

Eh! bien, disons-le bien haut, nous nous trompions, et nous devons d'autant mieux l'avouer qu'après tout, nous nous trompions avec tout le monde.

Demandez à un métropolitain quelconque, si traverser la Méditerrannée pour aller de Marseille à Alger, peut changer, en quoi que ce soit, les droits et les devoirs d'une fonction ou d'une magistrature, — la même en France qu'en Algérie !

Je parie cent contre un qu'il vous répondra : Non !

Non! vous dira-t-il : car dès qu'il s'agit d'une fonction ou d'une magistrature, la même en France que chez vous, je ne comprendrais pas pourquoi ces droits et ces devoirs ne seraient pas à Alger ce qu'ils sont, par exemple, à Marseille. En dépit de la sublime boutade de Pascal à propos des montagnes et des rivières, la mer n'y fait rien.

Et par contre, demandez à un Algérien si, pour avoir traversé la mer d'Alger à Marseille, le fonctionnaire ou le magistrat qui va remplir en France les mêmes fonctions, la même magistrature qu'en Algérie, peut éprouver un changement, une modification, je ne dis pas dans son traitement, je ne dis pas dans le mode d'exercice plus ou moins étendu ou restreint de ses droits et de ses devoirs, mais dans son état, dans les lois constitutives de son caractère! A coup sûr sa réponse sera celle du métropolitain, et, lui aussi, vous dira que la mer n'y fait rien.

Non! la mer n'y fait rien!

Et pourtant, Métropolitain et Algérien se tromperont, tout comme vous et moi, à qui mieux mieux.

Qu'ils sachent donc ce que nous venons, sinon d'apprendre, du moins de reconnaître et de constater nous-même, — qu'inamovible en France, le magistrat, pour ne parler que de lui, devient, *ipso facto*, amovible en Algérie, et *vice versa*, qu'amovible en Algérie, le magistrat devient inamovible en France; — en sorte que, et cela s'est vu et peut se voir encore, en sorte que si, grâce à des circonstances exceptionnelles, un magistrat français devient magistrat algérien, puis redevient français pour redevenir algérien ensuite, — à deux reprises différentes, il aura été successivement inamovible et amovible, amovible et inamovible.

Etrange vicissitude, singulière métamorphose qu'il ne faudra attribuer à aucune cause volontaire ou de force majeure! car je suppose, et cette supposition n'en est pas une, qu'elle n'aura été produite que par un simple changement de résidence.

Hier donc, sur le quai de Marseille, vous étiez magistrat

inamovible ; — aujourd'hui, sur le quai d'Alger, vous êtes amovible ! C'est là un fait. Inutile de le contester. — Soit ! Mais, qu'est-ce donc qui est intervenu entre votre situation de la veille et votre situation du lendemain ? Quel est le magicien, quel est le dieu qui s'est chargé de vous rendre si différent d'avec vous-même ? — Eh ! mon Dieu ! je vous l'avais déjà dit, c'est la Méditerrannée : *in id convertite....!* Vous l'avez traversée, et, nouvelle Circé, elle vous a transformé... ou déformé ! Voilà tout le mystère !

— A merveille ! répliquerez-vous. Serait-ce donc l'effet d'une loi physique, nouvellement découverte ? — Je l'ignore : mais bien certainement, cela n'est ni logique, ni rationnel, ni compréhensible. — C'est vrai, mais c'est ainsi, et pour bien des gens, cela ne peut ni ne doit être autrement.

— Et le sénatus-consulte organique de l'Algérie, donc ! Encore quelques jours, et nous en avons l'intime conviction, les flots méditerrannéens s'inclineront humblement devant la Constitution algérienne.

C'est assez plaisanter ! Parlons sérieusement.

IX.

L'amovibilité en Algérie ! Savez-vous bien ce qu'elle est, ou plutôt ce qu'elle peut être ?

Avouons-le, dans certains cas, peu nombreux sans doute, mais trop nombreux cependant pour l'avenir de notre colonie, l'amovibilité, c'est la magistrature algérienne à tout jamais fermée à des magistrats d'outre-mer destinés à honorer, et peut-être à illustrer ses rangs les plus élevés.

Et qu'on ne nous objecte pas qu'à cet égard, grâce à un traitement plus avantageux en Algérie qu'en France, notre colonie appellera toujours vers elle un nombre suffisant de magistrats déjà connus en France par leurs talents comme par leurs vertus !

A Dieu ne plaise que je nie le fait! — Mais, qu'on en convienne franchement, ce fait, si fréquent soit-il, l'inamovibilité le rendrait bien plus fréquent encore.

Mais si, pour l'honneur de la magistrature, tant algérienne que française, je suis heureux d'accorder le fait, je voudrais, et je voudrais dans tous les cas, nier hautement la pensée qui, d'après l'objection, en serait, ou pourrait en être le mobile.

Oh! de grâce, ne me parlez pas de ces hommes qui, dans l'unique but de grossir de quelques écus de plus une retraite trop mince à leur gré, ou d'ajouter quelques misérables rouleaux de cent francs à leur traitement actuel, apporteraient sur ce sol dévorant d'Algérie, qui a faim et soif et de force physique et d'énergie morale, un corps déjà usé, un esprit inerte et fatigué! — La magistrature, comment pourraient-ils l'ignorer, n'est ni spéculation, ni lucre! Elle est un *sacerdoce*, un sacerdoce, entendez-vous! et si les prêtres de notre justice *peuvent*, eux aussi, vivre de l'autel, jamais, au grand jamais, ils ne *doivent* s'en engraisser.

Que ne nous parlez-vous, au contraire, de ces jeunes, ardents et vigoureux magistrats, qui, alors même que la métropole leur offriraient un but digne de leur talent et de leur ambition, tournant leurs regards vers l'Algérie, cette terre de création et de régénération où il y a place libre pour tous les nobles cœurs et les hautes intelligences, lui demanderaient un champ d'activité et de labeurs, assez vaste pour leur permettre de développer l'une ou de se livrer entièrement aux autres! Quel levain pour notre magistrature! Quel élément de rajeunissement et de progrès! Quel germe de prospérité et d'avenir!

Mais, franchement, croyez-vous que ces hommes quitteront le port tranquille et sûr de l'*inamovibilité* française, pour l'abri incertain et douteux de l'*amovibilité* algérienne? Non, vous diront-ils, non! Nous tenons trop à cette fixe et permanente couronne civique, pour l'échanger jamais contre ce diadème mobile et flottant qu'un coup de vent peut emportor, et même emporter sans retour! Ah! plutôt, qu'arrivés sur vos rivages, la même couronne, plus brillante et plus respectée encore, grâce à de plus pénibles et plus méritoires travaux, vienne se placer sur nos têtes! Alors, heureux de planter notre tente sur un sol qui tressaille encore d'une fermentation dont il est aujourd'hui possible de prévoir les magnifiques et certains résultats, alors, nous volerons vers vos rivages, pour y tenter de plus beaux destins, et y attendre un avenir aussi prospère et, à coup sûr, plus attrayant que dans la métropole.

Mais, pour cela, n'exigez pas de nous que nous sacrifiions le certain à l'incertain, l'indépendance et la considération de fait et de droit, à une dépendance et à une déconsidération de fait, l'inamovibilité à l'amovibilité! Nous voulons être à côté de vous, ce que nous sommes loin de vous! Sans cela, vous nous permettrez de préférer, jusqu'à des jours meilleurs notre bonne vieille France à votre jeune Algérie.

—Mais, y pensez-vous, nous dira-t-on? Ne savez-vous donc pas que l'Algérie, par son climat, par sa population, par sa situation économique et générale, par l'insuffisance ou la rareté de ses traditions métropolitaines, présente çà et là au magistrat, des tentations, des dangers, des périls, des incitations que ne connaissent pas ses collègues métropolitains! Tant qu'existeront ces périls, ces dangers, ces tentations, n'espérez pas une prérogative qui en suppose nécessairement la non-existence. Et, en effet, ce magistrat, qu'est-ce qui l'éloignera de ces tentations? qu'est-ce qui lui fera surmonter ces dangers, éviter ces périls? — La crainte, la crainte d'une expiation prompte, facile, immédiate, la crainte d'une révocation sans autre forme que celle d'un décret rendu sur le rapport du Garde des Sceaux. Or, qu'est-ce qu'une pareille révocation? Vous l'avez dit, c'est *l'amovibilité!*

— Ce langage est-il sérieux! N'est-il pas purement et simplement un anachronisme? Et quoi? Sommes-nous encore en 1834? A cette époque, nous en avons pour preuve

officielle les procès-verbaux et les rapports de la Commission chargée de juger de la situation algérienne sur place à
cette époque, on constatait, et c'était, il faut le dire, avec un
profond et sincère regret, qu'il était impossible d'accorder
l'inamovibilité à la magistrature d'Afrique. Mais savez-vous
pourquoi? Parcequo le temps n'était pas *encore* venu où cette
garantie pouvait être ajoutée à toutes celles que déjà, du
reste, on ne craignait pas d'exiger d'elle.

Oui, le temps n'était pas *encore* venu ! Et c'est ce dont il
n'était pas possible de douter.

Il n'était pas venu! Car, en 1833, personne ou presque
personne qui ne fût frappé de l'incapacité, de la faiblesse,
de l'ignorance de certains fonctionnaires de tous les rangs et
de tous les ordres : — car, en général, la plupart des hommes
revêtus de l'autorité, provenaient de choix mal faits, pris au
hasard et sans aucun discernement ; car, dans le sein de la
magistrature algérienne, vous ne trouviez guère que des
hommes connaissant peu et mal les lois, n'ayant aucune habitude des affaires, n'ayant pas une assez haute idée d'eux-
mêmes pour résister, quand ils le devaient, aux influences
de l'autorité ; car l'autorité judiciaire n'avait pas assez d'as-
cendant moral pour se défendre, du haut de son siège, des
attaques des défenseurs ; car on était forcé de confesser que
la masse de la magistrature de l'Algérie, originairement
mal composée dans son personnel, manquait de capacité, ne
jouissait ni de la considération, ni de l'estime, ni du respect,
ni de la confiance publique, et n'était pas ce qu'elle devait
être ; entr'autres motifs, parcequ'on la soupçonnait fort, et
non sans quelque apparence de raison, de complaisance et de
partialité, et parcequ'elle paraissait trop dépendre de l'administration qui la créait et pouvait la frapper ; parcequ'enfin
l'Algérie avait plutôt un simulacre, une ombre, un nom de
Justice, qu'une justice proprement dite (1).

Et pourtant, ceci mérite réflexion, et pourtant, dès 1833,

_____

(1) *Procès-verbaux de la Commission d'Afrique.*

non seulement des algériens expérimentés, mais des métropolitains, membres de la Commission d'Afrique, estimaient
que, pour des tribunaux comme ceux de la Régence, alors
nullement respectés des justiciables, il fallait des magistrats : — précédés d'une bonne renommée? sans doute!... con-
venablement rétribués ? sans doute encore ! — mais aussi
ayant quelque chose de plus qu'une bonne réputation et un
bon traitement. — Quoi donc ! — Des magistrats *inamovibles !*

Nous le demandons à quiconque connaît assez le passé et
le présent de l'Algérie, pour pouvoir comparer 1833 à 1862,
est-il possible de confondre en quoi que ce soit l'Algérie de
ce temps-là avec l'Algérie de ce temps-ci? Nous en adjurons
les survivants, encore assez nombreux, de ces deux époques,
l'une d'incubation, l'autre d'épanouissement pour notre colonie ! Que, la main sur la conscience, ils nous disent s'il
existe, je ne dis pas identité, je ne dis pas ressemblance,
mais même, si on creuse jusqu'au fond des choses, analogie,
analogie sérieuse entre ces deux époques !

S'en trouve-t-il un seul parmi eux, qui ose soutenir, que de
nos jours encore, la magistrature algérienne, collectivement
ou individuellement considérée, est une magistrature inca-
pable, une magistrature faible, une magistrature ignorante,
complaisante, partiale, une magistrature mal choisie, une
magistrature inexpérimentée, une magistrature de contre-
bande et de hasard, un semblant, un fantôme, une ombre
de magistrature ?

S'il en était ainsi, comment nous expliquerait-on la considération, l'estime, la bonne renommée, le respect enfin dont,
à la différence de sa devancière, notre magistrature actuelle
doit être (1), et est en effet, universellement et si justement
entourée ! Que les adversaires de l'inamovibilité l'avouent à
l'honneur d'une institution née lentement et progressive-
ment d'une situation judiciaire qui a successivement passé
par trois grandes phases de développement et de progrès!

____

(1) S. Exc. M. Baroche. — Discussion au Sénat, 29 mars 1862.

Nul aujourd'hui ne serait assez hardi ou assez téméraire pour dire de la magistrature de 1862, ce que les membres de la Commission d'Afrique affirmaient de la magistrature de 1833 : qu'il serait à souhaiter qu'elle eût pour successeur des hommes de talent et de conscience.

. Grâce à Dieu, elle est loin, bien loin de manquer de l'une ou de l'autre de ces deux choses, et nous ne craignons pas de redire d'elle ce que nous en avons écrit ailleurs en parlant du barreau en Algérie (1), — qu'elle compte dans son sein plusieurs membres qui, par la conscience comme par la science, par la probité comme par la dignité, ne le céderaient en rien à leurs collègues de France.

Mais, que dis-je? Est-ce que, tout compte fait, le magistrat algérien n'a pas besoin de plus de moralité, de plus d'activité, de plus d'intelligence et de plus de science que le magistrat français?— Nous parlions tout-à-l'heure de tentations et d'écueils. Eh bien ! ne sont-ils pas, toutes choses égales, plus nombreux et plus dangereux en Algérie qu'en France? Et que dirons-nous de cette force physique et morale, si nécessaire pour résister à l'influence, plus ou moins énervante, du climat? Demandez-le à un de nos magistrats, — au juge de paix de Bathna comme au premier magistrat de la Cour! Leur réponse sera celle-ci : Pour la santé la plus forte, pour l'âme la mieux trempée, il est en Algérie telle circonstance de temps, de lieu, de personnes, qui réclament du magistrat algérien, une dose plus élevée et plus énergique d'activité physique et morale que chez le magistrat français.

Et le travail, le travail qui lui est imposé, ne fait-il pas cause commune avec le climat, pour exiger de lui un surcroît de cette double activité? Affaires algériennes, affaires françaises, affaires israélites, affaires musulmanes, affaires entre étrangers, affaires mixtes entre étrangers et français ou indigènes, affaires de toute nature, demandant, à un certain

____

(1) *Études législatives et judiciaires sur l'Algérie.* — Du Barreau en Algérie.

degré, la connaissance et, par conséquent, l'étude préalable de la Législation et du Droit algérien, français, israélite, musulman, étranger, international. Quelle multitude et quelle variété de procès exigeant impérieusement un labeur quotidien, continu, incessant ! Rien ou presque rien de semblable en France, où, sauf dans certains tribunaux incontestablement les moins nombreux, le travail de la magistrature est aussi uniforme, aussi régulier, aussi simple que celui de la magistrature algérienne est multiple, anormal, compliqué.

Et puis, est-il besoin de démontrer qu'étant donné un plus grand besoin du travail et d'activité, le magistrat algérien, sous peine de forfaire à ses devoirs, doit, à l'occasion, faire preuve de plus d'intelligence ?

Il est certain, et sur ce point nous ne serons démenti par personne, qu'envisagées, tant sous le rapport des choses que sous le rapport des personnes, les affaires algériennes présentent, en général, plus de difficultés d'appréciation que les affaires de France.

Et c'est au magistrat algérien, à ce magistrat que rien n'abaisse, que tout, au contraire, élève au-dessus du magistrat français, c'est à ce magistrat que vous refuseriez obstinément le prix, oui, le prix d'une moralité, d'un travail, d'une intelligence que vous ne croiriez pas payer assez cher en France par la seule prérogative de l'inamovibilité ! !

Mais, remarquez-le bien, le magistrat d'Algérie en est, lui aussi, d'autant plus digne que, tout en cherchant à l'obtenir, — toujours, du moins depuis 1834, — il s'est conduit de manière à pouvoir, rigoureusement parlant, s'en passer.

Car, disons-le une fois pour toutes, malheur à lui s'il avait besoin, pour être juste, de cette prérogative ! Loin d'être la condition ou la cause de sa justice, cette prérogative doit en être l'effet et la récompense.

Cela étant, vous voilà enfermés dans un dilemne d'où nous vous défendons hardiment de sortir :

Ou le magistrat français a besoin d'inamovibilité, et c'est

pour cela qu'il est inamovible, — et alors, si le magistrat algérien ne l'est pas, c'est qu'il n'en a pas besoin comme lui.

Ou bien, ce même magistrat n'a pas besoin d'être inamovible, — et alors, pourquoi l'est-il, tandis que le magistrat
algérien ne l'est pas ?

L'inamovibilité est une garantie.

Dès lors, elle présuppose un danger, — danger de dépendance, danger de partialité, danger d'injustice de la part du
juge, — et une crainte, — crainte de suspicion, crainte de
corruption, crainte de manœuvres de la part du justiciable.

Ainsi donc, là où la magistrature n'est pas inamovible,
c'est qu'elle n'a aucun danger à redouter, aucune crainte à
concevoir.

Vous vous récriez contre cette conséquence! Vous la
trouvez exagérée et fausse. — Fort bien! Mais si vous êtes
conséquent, dites donc de deux choses l'une : ou que la magistrature algérienne n'a pas besoin d'inamovibilité, parceque
ce n'est là qu'un mot, — ou bien que l'inamovibilité est
et vaut quelque chose, et que *conséquemment*, il n'y a pas
de raison sérieuse, plausible, pour la refuser à la magistrature algérienne. — Oh! plutôt, avouez-le, il y en a une qui
n'existe pas pour la magistrature française, c'est que si *sans*
cette inamovibilité, elle a su presque constamment s'en montrer digne, il est de toute évidence qu'*avec* cette inamovibilité, elle en sera plus digne encore.

Vous insistez! — Pas de raison pour la lui refuser! Erreur!
nous prétendons qu'il en est plusieurs. Et d'abord, nous dou-
tons fort que les mœurs magistrales ou judiciaires de l'Algérie, ce je ne sais quoi de délicat et d'exquis dans la
pensée et dans les actes, qui a valu à la magistrature de
France le plus beau fleuron de sa couronne, l'inamovibilité,
soit assez développée et assez répandue en Algérie pour y
mériter l'honneur du même privilège. Si plusieurs, si la
plupart d'entr'eux, soit parce qu'ils sont récemment entrés
dans ses rangs, soit parce qu'ils y ont pris place, après être
sortis du sein de la magistrature métropolitaine, ou remporté

au milieu de la première, les habitudes et les traditions de la seconde, convenez que tous ne se trouvent pas dans les mêmes conditions, et qu'ainsi, à moins d'établir des catégories et des distinctions toujours honorables pour les uns, et odieuses, déshonorantes même pour les autres, il est, sinon nécessaire, du moins utile et prudent d'ajourner l'octroi de ce privilége jusqu'à ce que ces catégories ou ces distinctions n'aient plus de raison d'être.

Ce n'est pas tout! Qui dit inamovibilité dit perpétuité de fonctions et perpétuité de résidence. Mais dans un pays comme l'Algérie, où tel magistrat qui convient à telle localité peut ne pas convenir à telle autre, et où, pour une infinité de raisons, le bien de la justice, l'intérêt du service nécessiteront, à un moment donné, le déplacement de tel ou tel magistrat, comment accorder un privilége qui aurait pour objet de rendre impossibles de pareils déplacements? Cela se comprendrait dans un pays comme la France où l'on a l'embarras du choix pour les nominations judiciaires; mais en Algérie où l'on *prend* plutôt qu'on ne *choisit* là où l'on trouve, évidemment cela n'est pas possible.

Ainsi deux objections : — défaut ou plutôt insuffisance de mœurs judiciaires ou magistrales, — besoins particuliers du service. Il en est une troisième, que généralement on n'ose pas formuler, ou qu'on ne formule que tout bas et qui est, selon nous, le *substratum* caché, le fondement intime des deux autres. Nous la formulerons tout haut et nous la réfuterons de même.

X.

Attaquons d'abord la première : — Il est de ces erreurs ou préjugés vivaces, invétérés, profonds, qu'on arrache d'autant plus difficilement de certains esprits, qu'après avoir été un jour des vérités incontestées, elles ne peuvent pas même supporter, plus tard, le plus rapide examen.

Eh! de fait, quelles sont ces mœurs dont, jusqu'à ce

jour, la magistrature algérienne aurait été déshéritée? De grâce, indiquez-nous un devoir, une obligation, un usage, une habitude, une tradition, moins que cela, un souvenir, que ne respecte, que ne pratique pas le magistrat de l'Algérie!

Je me trompe. — Il est une tradition, il est une obligation que l'Algérie envie encore à la France, mais que, nous l'espérons bien, cessera bientôt de lui envier. Cette tradition, c'est la rentrée solennelle de la Cour et des Tribunaux, rentrée *solennisée* et par la messe du Saint-Esprit et par ces discours ou harangues dont La Rocheflavin nous a dit, en si bons termes, la raison et le but: — cette obligation, c'est, pour le président des assises, non pas seulement la faculté, mais bien le devoir de résumer les débats. Un jour viendra, sans doute, où cette obligation lui sera imposée! Ce jour-là, l'Algérie aura des Cours d'assises et un Jury comme en France. Mais que fait l'absence de cette tradition et de cette obligation au niveau normal des mœurs de notre magistrature? Que fait-elle surtout à la question de son inamovibilité?

J'en dis autant de certaines anomalies qui distinguent, à son premier échelon, la magistrature algérienne de la magistrature française; — je veux parler de la Justice de paix à *compétence étendue*. Cela importe peu; de pareilles différences, toutes de forme et nécessitées par des circonstances locales, ne touchent pas au fond des choses. Bien plus, nous pourrions facilement démontrer que, pour être logique et raisonnable, peut-être conviendrait-il de doter de l'inamovibilité ces justices de paix, dont les titulaires sont moins des juges de paix, dans le sens ordinaire de ce mot, que des présidents au petit pied, *pedanei*, de tribunaux civils.

Cela posé, nous objecterait-on qu'il y a dans l'air, dans l'atmosphère judiciaire de l'Algérie, quelque chose de fatal, une sorte de *mal'aria* qui, pour échapper à toute analyse, n'en est pas moins réelle, et ne laisse pas moins planer sur la magistrature algérienne, un *je ne sais quoi* qui en fait une magistrature distincte de la magistrature française?

J'aime les objections, nettes, précises, bien caractérisées. Mais celle-ci n'est certes pas du nombre, et je dirais volontiers, qu'elle aussi, est tout en l'*air*, comme ce *je ne sais quoi* qui lui sert de prétexte.

Voulez-vous que je vous dise pourquoi, en l'an de grâce 1862, vous lancez, en fuyant et dans l'ombre, ce grief suranné contre les magistrats de l'Algérie ? C'est que, victime plus ou moins volontaire d'une étrange illusion d'optique, vous croyez toujours voir parmi eux quelques débris de leurs prédécesseurs de 1830 ou de 1833. Mais ces débris, songez donc qu'il y a des années, et des années encore, que l'opinion publique, les justes sévérités de l'administration, l'assimilation graduelle de nos institutions judiciaires avec celles de la France, l'élévation progressive du niveau moral; et, plus que tout cela peut-être, le temps, cet éternel War-vick des magistrats comme des rois, en ont déblayé le sol algérien, et qu'aujourd'hui, on peut vous défier de signaler aucun de nos magistrats, dont la vie publique et privée doive appeler sur lui le même sort !

Oh ! sans doute, et pourquoi ne pas l'avouer? sans doute, à de longs et rares intervalles, vous auriez pû montrer, *jadis*, sur la carte de notre personnel judiciaire, certains points presque imperceptibles, qui juraient avec son ensemble. Il a pu arriver que tel magistrat ne se soit pas assez souvenu que le propre du magistrat est de personnifier la Cité, et d'en soutenir la dignité et l'honneur (1), ou, pour parler avec l'Ecriture, qu'il ne doit point chercher à le devenir, si, par sa vertu, il n'est capable de terrasser l'injustice et de briser l'iniquité (2). Mais, de bonne foi, est-il permis de généraliser ce qui est exceptionnel, et d'adresser à tous des reproches qui n'atteignent que quelques-uns ?

(1) Cicer. *Est igitur proprium magistratûs, intelligere se gerere personam civitatis debereque ejus dignitatem sustinere.* — De Officiis. l. I. 24.

(2) *Noli quærere fieri judex nisi valeas virtute irrumpere iniquitatem.* Eccles. C. VII, V. 6.

Eh ! grand Dieu ! à ce compte, où en serait la magistrature française elle-même ? Soyons vrais et exacts, et gardons-nous de toute hyperbole et de tout sophisme.

Là où est l'homme, là est aussi l'imperfection humaine. La perfection, même la perfection relative, n'est pas plus l'apanage de la France que de l'Algérie.

Et d'ailleurs, l'imperfection de l'homme tient à sa nature plutôt qu'à ses institutions. Ce n'est pas parcequ'il est amovible en Algérie, inamovible en France, que le magistrat est indigne de ses fonctions. *Si* l'amovibilité le préserve de tout écart, l'inamovibilité n'est certes pas faite pour lui permettre de s'éloigner de la ligne de ses devoirs. Si donc il pèche, c'est parcequ'il est homme, et que rien de ce qui est de l'homme ne lui est étranger.

— Mais au moins, et c'est la deuxième objection, mais au moins, serez-vous forcé de nous accorder que de hautes raisons administratives, des nécessités locales pourront, dans bien des cas, exiger en Algérie l'amovibilité de la résidence, — et, comme le Conseil-Général de Constantine, tout en rejetant l'inamovibilité de *titre*, admettrez-vous l'inamovibilité de *lieu* !

— Avec d'excellents esprits, je pourrais vous répondre qu'après tout, en Algérie, il est possible, et dès lors convenable, qu'en cette matière toutes choses se passent comme en France.

Mais, je veux bien qu'à l'heure qu'il est, il soit peut-être encore prématuré de proclamer au milieu de nous, dans un sens complet et absolu, l'inamovibilité judiciaire. — Eh bien ! oui ! pour quelque temps encore, que le pouvoir ait la faculté de *déplacer* un magistrat, mais que ce ne soit qu'après mûr examen, et, dans tous les cas, après l'avoir et averti et entendu ! Qu'une sorte d'enquête contradictoire précède son déplacement ! Dans une telle question, il peut y aller de la considération, de la réputation, de l'honneur même d'un magistrat. Que l'enquête soit donc suivie des observations, des explications, et, s'il y a lieu, de la défense du magistrat à déplacer !

Avec ce tempérament, sous le bénéfice de ces réserves et de ces garanties, je conçois l'inamovibilité *restreinte.* — Et, encore, devrait-elle bientôt, suivant nous, faire place à l'inamovibilité *pleine et entière !*

XI.

Si nous ne craignions de franchir les limites que nous nous sommes tracées, nous dirions ici combien il est utile, et même nécessaire pour ces « hardis colons » qui nous apportent leurs bras, leur fortune, leur famille, tout leur *chez eux,* d'y retrouver les institutions de leur pays natal, et de toutes celles dont ils sentent le plus la nécessité, parce qu'ils la connaissent davantage : — l'institution judiciaire, — l'institution judiciaire avec toutes ses garanties, l'institution judiciaire avec l'inamovibilité de la magistrature,

Mais il faut savoir se borner, sous peine de ne savoir écrire.

Par le même motif, nous nous contenterons de toucher à une idée qui serait susceptible de longs et amples développements.

Cette idée est celle-ci :

Des magistrats du siége-amovibles ne sont guères, dans l'ordre des considérations politiques, ni plus ni moins que des magistrats du parquet.

Cela veut dire qu'avec l'amovibilité, les fonctions judiciaires ne sont, à certains égards, autre chose que des fonctions administratives.

Or, sait-on bien pourquoi ces dernières sont révocables, ou, ce qui est la même chose, amovibles ? pourquoi, sous certains rapports, elles émanent d'une mission plutôt que d'une fonction, d'une commission temporaire de sa nature, plutôt que d'une nomination permanente dans son essence ?

Tous les publicistes vous le disent : — Parce que si les

fonctions judiciaires exigent une *certaine* indépendance (on va voir pourquoi nous nous servons de ce mot), les fonctions administratives exigent et supposent une certaine dépendance du pouvoir souverain.

Expliquons-nous :

L'inamovibilité n'est pas l'indépendance absolue. — S'il en était ainsi, nous comprendrions qu'elle fût trop souvent la source de prévarications d'autant plus nombreuses qu'elles resteraient nécessairement impunies. L'inamovibilité n'est pas l'impeccabilité, encore moins l'impunité. Si donc, ô magistrats ! vous vous rendez coupables d'une de ces violations de vos devoirs, qui réclament votre destitution et votre remplacement, sachez que vous pourrez être, que vous serez destitués et remplacés. Mais comment le serez-vous ?

Sans doute, et il le fallait bien, l'inamovibilité n'est pas, si j'ose le dire, un paratonnerre qui, dans tous les cas, vous met à l'abri de la foudre ! Prévaricateurs, il faut que vous soyez, bon gré mal gré, frappés de la foudre des lois. — Mais, et c'est là la source du privilège de l'inamovibilité, vous ne serez destitués, vous ne serez remplacés, ni *ad nutum*, par une simple mesure administrative, ni sur un rapport plus ou moins exact et inspiré par des renseignements plus ou moins importants; — mais, dans certains cas déterminés — *après* l'accomplissement des formalités de la loi, sous le patronage de certaines garanties spéciales de vérité, de contrôle et de justice, et par une sentence régulière, par un jugement. Et quel jugement ! Ou par un jugement rendu disciplinairement en assemblée générale de la Cour suprême, ou par un jugement de droit commun, entraînant contre vous une condamnation infamante !!

XII

Qu'ajouterons-nous à la surabondante démonstration d'une vérité qui s'impose à l'esprit avec la spontanéité de l'évidence et l'autorité du sens commun ?

Nous pourrions dire encore que, par les avantages qu'elle assure, par la certitude qu'elle donne de ne les perdre que par un fait volontaire et personnel, l'inamovibilité est appelée à apaiser les ardeurs de cette impatience plus générale en Algérie qu'en France, qui cherche à tout prix dans un avancement prématuré, *pécuniairement* utile au juge et *moralement* funeste au justiciable, une compensation au défaut d'inamovibilité.

Combien n'avons-nous pas entendu de justiciables se plaindre avec raison de mutations trop fréquentes et trop nombreuses dans la magistrature judiciaire? Combien qui, s'ils avaient su formuler nettement leur pensée, auraient affirmé « qu'une fonction n'est jamais bien remplie, quand elle n'est qu'un provisoire dont on a hâte de se dégager, et que la trop ardente ambition d'un avenir meilleur, si elle est pour certains hommes un encouragement à mieux faire, énerve trop souvent chez les autres le dévouement calme et patient à l'étude et au travail (1). »

XIII

Et maintenant, à l'exemple des mathématiciens, après avoir démontré notre thèse par la raison, consentons à la prouver par l'absurde.

La raison, c'est la lumière, l'absurde, c'est l'ombre. Ombre et lumière, il faut cela pour mettre une vérité dans tout son jour !

Or, qui le dirait? Cette preuve, c'est un des plus rudes adversaires de l'inamovibilité judiciaire, c'est Bentham qui nous le fournit !

Ne pouvant nier que dans les mains du gouvernement

(1) *Gazette des Tribunaux.* — Article de M⁰ Paillard de Villeneuve, 19 juin 1863.

où de l'autorité publique, l'amovibilité ne soit ou ne devienne souvent un instrument d'injustice, d'intimidation, de menaces, un glaive de Damoclès suspendu sur la tête du magistrat, l'illustre auteur des *Traités de législation* est forcé de reconnaître que pour réparer, autant que possible, les abus ou les erreurs du pouvoir, et telle qu'il l'entend, l'amovibilité devra avoir un double contre-poids dans :

1° Le droit pour le magistrat révoqué de rentrer dans le de la magistrature ;

2° Le devoir pour l'Etat de lui continuer le traitement dont il jouissait lors de sa révocation, absolument comme s'il n'avait pas été révoqué.

Par malheur pour le jurisconsulte anglais, *ce droit*, si peu compatible avec l'opinion publique, sera, dans la plupart des cas, un droit purement et simplement illusoire et dont on dira justement : *idem non esse et non apparere*, — et ce *devoir* est tellement contraire aux éléments du bon sens et aux finances de l'Etat, qu'en vérité proposer un pareil remède, c'est tout bonnement avouer que le *mal* est irrémédiable, ou qu'il n'y a contre lui d'autre remède que le *bien* de l'inamovibilité.

Ô Jérémie Bentham ! grâces te soient rendues pour ta démonstration ! Elle est la confirmation, le couronnement, le sceau consécrateur de la nôtre ! Après ton aveu qui, si implicite qu'il soit, est d'autant plus précieux et convaincant pour nous, qu'il t'a été arraché par la force irrésistible des choses, que me reste-t-il donc à faire, sinon à m'écrier avec l'Ange de l'École argumentant mentalement contre les Manichéens : *Conclusum est ?*

XIV

En somme, disons-le avec un orateur officiel, peu suspect d'exagération en faveur de l'inamovibilité, avec le rapporteur du décret du 1er mars 1852, sur la retraite des magistrats pour cause de limite d'âge :

L'inamovibilité judiciaire, c'est la certitude pour le justiciable d'être jugé par un magistrat — placé en dehors des influences qui assiégent la fermeté de l'homme, — et ne dépendant que de sa conscience et de la loi dont il est l'organe;

C'est l'irresponsabilité du magistrat devant le pouvoir, c'est la garantie d'une justice impartiale et juste, c'est la source de l'autorité qui s'attache à ses sentences, c'est la raison du prestige qu'il exerce sur l'opinion.

C'est enfin le signe, le caractère et le sceau d'une véritable justice.

CONCLUSION

L'inamovibilité existe en France : donc, et à plus forte raison, elle doit exister en Algérie.

Rien ne s'y oppose ! tout au contraire l'y commande.

L'Algérie la réclame; — elle en a le droit. La France la lui accordera; — c'est pour elle un devoir !

Ou la justice n'est qu'un mot et la logique une chimère, ou ce qui est un droit pour la colonie et un devoir pour la métropole, la métropole ne peut le refuser, — et ne le refusera pas à la colonie.

Que l'Algérie dise donc enfin de sa magistrature ce qu'Horace disait de son Juste :

Justam ac tenacem.....

et Virgile, de l'*immobile* Thésée :

Sedet, æternumque sedebit !

ERRATA

Page 3, *épigraphe*, ligne 2, au lieu de *donné*, lisez *donnée*.
Page 4, ligne 27, au lieu de *tout*, lisez *tous*.

—	7	—	5,	—	*questions* lisez *question*.
—	8	—	16,	—	*elle* lisez *parce qu'elle*.
—	16	—	12,	—	*l'Algérie* lisez *la France*.
—	31	—	10,	—	*besoin* lisez *nécessaire*.
—	26	—	15,	—	*personne* lisez *qui que ce soit*.
—	26	—	20,	—	*n'abaisse* lisez *n'abaisse au-dessous*.
—	32	—	23,	—	*elle* lisez *la magistrature algérienne*.

Sétif. — Impr. v^e VINCENT.

Documents manquants (pages, cahiers...)
NF Z 43-120-13

www.ingramcontent.com/pod-product-compliance
Lightning Source LLC
Chambersburg PA
CBHW051321060726
47596CB00004B/1424